AF602158

EXTRAIT DU *JOURNAL OFFICIEL*
du 29 Décembre 1885

REVISION
DU
CODE DE PROCÉDURE CIVILE

RAPPORT

PRÉSENTÉ
A M. LE PRÉSIDENT DE LA RÉPUBLIQUE
PAR M. LE PRÉSIDENT DU CONSEIL
GARDE DES SCEAUX, MINISTRE DE LA JUSTICE

PARIS
IMPRIMERIE DES JOURNAUX OFFICIELS
31, Quai Voltaire, 31

1886

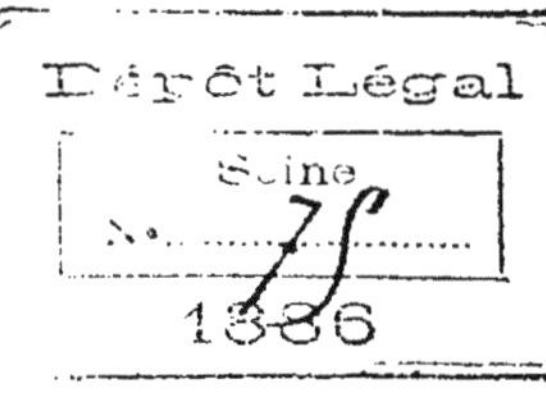

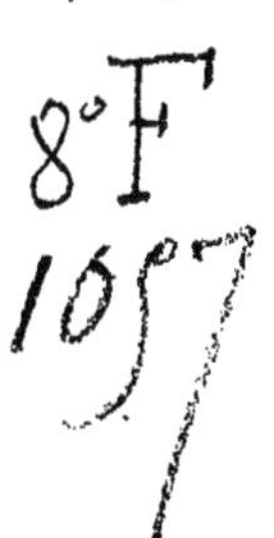

EXTRAIT DU *JOURNAL OFFICIEL*
du 29 Décembre 1885

REVISION DU CODE DE PROCÉDURE CIVILE

RAPPORT

AU PRÉSIDENT DE LA RÉPUBLIQUE FRANÇAISE

Paris, le 21 décembre 1885.

Monsieur le Président,

Par décret du 10 juillet 1883, rendu sur la proposition de mon prédécesseur, vous avez bien voulu instituer près du ministère de la justice une commission extra-parlementaire, chargée d'étudier un projet de revision du code de procédure civile.

J'ai l'honneur de placer sous vos yeux les travaux accomplis au cours de ces deux années.

Au nombre des réformes qui s'imposent, qui doivent être poursuivies sans précipitation, mais avec une activité persévérante, figure au premier rang la revision des lois de procédure. La législation doit constamment refléter les modifications incessantes des mœurs et des habitudes économiques d'un pays. Or, entre toutes nos lois générales, on peut affirmer que le code de procédure civile est celle qui a le plus gardé l'empreinte d'un état de choses ancien.

Les dispositions qu'il édicte ne remontent pas seulement à 1806. Elles sont tirées, pour la plupart, de l'ordonnance de 1667 et de la pratique du Châtelet. Quelques améliorations partielles ont été, il est vrai, introduites en 1838, 1841, 1855, 1858, 1862 dans certains titres de ce code; mais leur insuffisance ne pouvait que faire sentir, plus vivement peut-être, combien il restait encore à faire pour mettre cette partie de nos lois en harmonie avec notre état économique et social.

En 1862 déjà, le Gouvernement s'était ému des réclamations qui se faisaient jour chaque année au sein des assemblées; une commission avait été instituée pour préparer la refonte des lois de procédure. Terminée en 1868 et renvoyée devant le conseil d'Etat pour un dernier examen, l'œuvre de cette commission fut même, pour partie, soumise au Corps législatif; les événements qui survinrent en empêchèrent la discussion et arrêtèrent les travaux.

Ainsi que le rappelait mon prédécesseur dans le rapport qu'il vous adressait, le mouvement des esprits qui réclame une justice prompte, sûre, réduite quant aux frais autant que le permettent la prudence et la justice n'est pas limité à la France. Les peuples voisins nous donnent l'exemple. L'Italie, les Pays-Bas, l'Allemagne, la Belgique, l'Espagne ont revisé leurs lois de procédure ou travaillent à le faire. Le Gouvernement de la République ne pouvait rester en arrière. Aussi l'annonce de la réforme entreprise a-t-elle, dès le début, été accueillie avec faveur.

Bientôt l'opinion publique tout entière a pris intérêt à cette œuvre, et les cahiers électoraux ont été presque unanimes à placer la réforme de nos lois de procédure parmi ces questions essentielles signalées à l'attention de la nouvelle législature.

Il importait donc, monsieur le Président, de vous rendre compte du travail accompli par la commission. Ce travail n'embrasse encore qu'une partie restreinte du code ; il forme cependant un ensemble qui permet de juger l'esprit qui a guidé la commission, l'étendue des résultats déjà acquis ainsi que ceux qui seront l'application et le développement des principes posés.

Les dispositions adoptées définitivement par la commission correspondent aux titres 1 à 12 du livre 2 du code. Elles embrassent, par conséquent, toute la procédure des tribunaux d'arrondissement, depuis la conciliation jusqu'à la vérification d'écritures, et règlent les questions si délicates qui se posent sur les ajournements, les jugements, les oppositions. La procédure devant les justices de paix a dû provisoirement être laissée de côté jusqu'à ce qu'une solution fût intervenue relativement au projet de loi réglant la compétence, projet soumis au pouvoir législatif.

Lorsque la commission s'est réunie pour la première fois, le 25 juillet 1883, elle n'ignorait ni l'importance de sa tâche, ni les préoccupations de l'opinion publique au sujet des études confiées à son dévouement. La revision d'un code de procédure touche à des intérêts divers et de l'ordre le plus élevé : aux droits des citoyens, qui réclament une justice aussi prompte, aussi peu coûteuse que possible ; — aux intérêts du Trésor, qui tire des droits perçus à l'occasion des procès une importante ressource du budget ; — à la situation des officiers ministériels ; toute réforme porte directement atteinte aux produits de leurs offices. Il fallut donc tout d'abord déterminer l'esprit d'après lequel la réforme serait suivie, la part qui serait faite à chacun des intérêts engagés. L'étendue de l'œuvre de revision entreprise devait être délimitée. Se bornera-t-on à toucher au code de procédure ? Mais la procédure suppose un corps de lois civiles, dont elle a pour objet d'assurer le respect et l'exercice : elle suppose une organisation judiciaire préalable, des compagnies de magistrats chargés d'appliquer et de faire respecter la loi, une hiérarchie de juridictions auxquelles compétence est attribuée selon l'importance ou la nature des affaires. Autour des tribunaux se meuvent des corporations chargées à des titres divers de représenter ou d'assister les parties dans les phases multiples des instances.

Placée en face de ces lois préexistantes, la commission s'est demandé tout d'abord quel était son rôle ; réunie au moment où le Parlement discutait et votait une loi nouvelle sur la magistrature, la commission ne s'est pas reconnu le droit d'entreprendre des discussions et des études nouvelles sur des questions qui avaient été l'objet d'un examen approfondi au Parlement pendant plusieurs années.

L'organisation des divers tribunaux laissée en dehors, la commission n'a pas pensé qu'il dût en être de même pour les règles sur la compétence. Ces règles, en effet, se rattachent à la procédure même plutôt qu'à l'organisation judiciaire. Comme la procédure, elles sont soumises à des variations rendues nécessaires par l'évolution du pays. La commission a donc admis en principe qu'elle résoudrait, au fur et à mesure qu'elles se présenteraient, les questions relatives à la compétence. Il ne sera point fait comme on l'avait proposé un titre préliminaire spécial traitant d'une façon générale ces questions. Bonne dans un ouvrage didactique, cette division eût présenté l'inconvénient de modifier le cadre du code : et la commission, pour des raisons qui seront exposées plus loin, crut utile de conserver l'ordre des dispositions en vigueur.

Si la commission a pensé que les règles de compétence n'échapperaient pas à ses études, elle a cependant, pour des motifs particuliers, écarté provisoirement ces questions du programme de ses discussions. Le premier point qui se présentait à son examen était la compétence des juges de paix. Or la Chambre des députés était depuis longtemps saisie d'un projet de loi qui réglementait cette compétence. Soumis à l'examen d'une commission spéciale, ayant fait déjà l'objet d'un rapport complet sur le fond, ce projet, on pouvait le croire, viendrait en discussion avant l'expiration des pouvoirs de la dernière Chambre. Il eut donc été inutile de traiter cette question. La commission se réservait d'introduire, en son temps et lieu, dans le nouveau code, les dispositions touchant à la procédure civile, contenues dans le projet si impatiemment attendu. La compétence des juges de paix va bien certainement retenir de nouveau l'attention de la Chambre nouvellement élue. La lacune apparente que présente sur ce point l'œuvre de la commission sera donc prochainement comblée.

Les formes de procédure que d'Aguesseau appelle « la vie de la loi », touchent par tous les points aux lois civiles. En étudiant un code de procédure, on se trouve ainsi amené parfois à reconnaître, dans la loi civile, tantôt une obscurité ou une lacune, tantôt une disposition qui ne répond plus aux mœurs et aux besoins du temps. Profondément respectueuse de l'œuvre de 1804, la commission n'a point pensé cependant qu'il fût téméraire d'étendre jusqu'au code civil son œuvre de revision, dans les cas, extrêmement rares d'ailleurs, où il s'y rencontrerait des dispositions de nature à faire obstacle à des modifications de procédure reconnues nécessaires.

Ayant ainsi délimité son œuvre, la commission, au premier jour de ses travaux, s'est préoccupée d'en préciser l'esprit.

Elle n'a pas cru qu'il fût sage de faire table rase des lois de procédure actuelles, et d'édifier de toutes pièces un monument nouveau. Il s'agit moins de bouleverser que d'améliorer. Ce qui importe, c'est de simplifier les formalités et de supprimer celles dont l'utilité n'est pas absolument indispensable ; cette réforme peut s'opérer, et dans une mesure assez large pour donner satisfaction à tous les intérêts, en conservant pour cadre le code de 1806.

La commission a donc adopté le plan général du code de procédure actuel. Cet ordre parfois sera modifié, certains titres pourront être supprimés, certaines dispositions interverties ; mais le plan général subsistant, les recherches resteront faciles pour tous ceux qui sont familiers avec les divisions du code actuel.

Ces prémisses posées, la commission a abordé sa tâche ; elle l'a fait avec un éloignement égal pour les résistances de la tradition, de la routine, et pour les aventures téméraires; c'est ce qui résultera de l'exposé même des résolutions adoptées.

TITRE Ier

De la conciliation

Tout procès, sauf les exceptions formellement posées par la loi, est soumis à une procédure préalable dont le but est d'empêcher, s'il est possible, qu'il ne soit entamé définitivement. Prescrite par l'article 48 du code de procédure pour les affaires dévolues aux tribunaux de première instance, la tentative de conciliation a été étendue par la loi du 2 mai 1855 aux causes qui sont de la compétence des juges de paix. L'utilité de cette procédure est incontestable, et les chiffres fournis par les statistiques démontrent la place qu'elle tient dans nos mœurs judiciaires.

En 1883, 46,222 affaires ont dû être portées en conciliation à l'audience, par application de l'article 48 du code de procédure. Dans 34,207 affaires, les défendeurs ont répondu à la citation, soit en comparaissant personnellement (25,923), soit en se faisant représenter (8,284). 10,309 conciliations ont été obtenues.

Il a été soumis aux juges de paix 1,800,324 contestations, par application de la loi du 2 mai 1855. Pour 741,274 affaires, les billets d'avertissement sont restés sans effet. Mais sur les 1,059,050 différends dont ils ont connu, les juges de paix ont réussi à en concilier 673,087 (soit 64 p. 100).

Il faut reconnaître pourtant que le nombre, si élevé encore, des affaires conciliées va en décroissant. Parmi celles qui venaient devant le juge de paix, en vertu de l'article 48 du code de procédure, 50 p. 100 étaient conciliées en 1840. Vingt ans après, la proportion des contestations évitées grâce à l'intervention du juge de paix, n'était plus que de 40 p. 100. Cette moyenne n'atteint même plus 23 p. 100 en 1883. Les résultats donnés par la tentative de conciliation prescrite par la loi du 2 mai 1855 sont également moins favorables chaque année. Toutefois, le nombre des arrangements conclus reste considérable.

On le voit, les généreuses espérances de l'Assemblée constituante ne se sont pas réalisées complètement ; le préliminaire de conciliation ne donne plus des résultats aussi décisifs que l'espéraient les auteurs du décret des 16-24 août 1790.

En présence de cette décroissance, la commission s'est demandé tout d'abord si la tentative de conciliation devait être maintenue. Dans les villes, a t-on dit, c'est une vaine formalité. Le plus souvent, le demandeur ne se présente pas en personne. Souvent même, il obtient du président du tribunal une ordonnance dispensant de ce préliminaire. D'ailleurs la conciliation ne se décrète pas; quel succès peut-on espérer si les parties ne font pas volontairement et spontanément des tentatives d'arrangement?

Ces arguments n'ont pas prévalu. En présence du nombre encore très élevé de procès qui sont étouffés dès l'origine par la comparution devant le juge de paix, la commission a pensé qu'aucune chance d'accommodement, fût-elle faible, ne devait être négligée. Il n'y a là d'ailleurs aucune perte de temps sensible pour les plaideurs, et, dans les cas urgents, la dispense pourra toujours être obtenue.

La commission s'est préoccupée pourtant de réaliser en cette matière un progrès marqué. Les améliorations qu'elle a décidées portent principalement sur deux points : sur les frais, et sur les effets de l'arrangement.

Le défendeur est actuellement amené devant le juge de paix, pour la tentative de conciliation, par deux procédés différents. S'agit-il d'une tentative faite en vertu de l'article 48 du code de procédure? Le défendeur est cité à comparaître par exploit d'huissier. S'agit-il du préliminaire de conciliation réglé par la loi du 2 mai 1855?

Une forme plus simple est établie. La partie est appelée par un simple billet d'avertissement, rédigé et délivré par le greffier et expédié par la poste. S'il n'est pas répondu à cet appel, alors seulement le défendeur est assigné par ministère d'huissier.

Une pratique de 30 années a permis de constater les excellents résultats donnés par les billets d'avertissement. Dans la grande majorité des cas, la comparution a lieu sur simple billet. Dès lors, ne devait-on pas généraliser ce système, et ne pouvait-on, dans tous les cas, décider que la conciliation se ferait sur billet? La commission l'a pensé. Dans tous les cas, que la conciliation soit le préliminaire d'une instance qui sera portée devant le tribunal d'arrondissement, ou bien qu'elle précède une affaire de la compétence du juge de paix, les parties seront « appelées en conciliation au moyen d'un billet d'avertissement sur papier timbré, rédigé et délivré par le greffier, au nom et sous la surveillance du juge de paix, et expédié par la poste sous bande simple scellée du sceau de la justice de paix, avec recommandation. » (Art. 3.) Les perfectionnements apportés dans ces dernières années au service des postes, les garanties qu'il offre aujourd'hui permettent de penser que la remise des plis est absolument assurée, surtout avec la précaution si peu coûteuse de la recommandation (0 fr. 25).

Les membres de la commission se sont convaincus que ce mode de procéder offrait toute sécurité. Aussi n'ont-ils pas hésité à donner au billet d'avertissement les effets qui sont aujourd'hui attachés seulement à la citation par huissier. La prescription sera interrompue, et les intérêts commenceront à courir à partir de la remise de la lettre au destinataire, ou par la constatation régulière que cette remise n'a pu être effectuée (art. 8).

Grâce à l'obligation imposée de recommander la lettre, l'observation de ces formalités est assurée. La lettre devra, en effet, ou être remise au destinataire ou bien être rapportée le jour même au bureau de poste par l'agent de distribution. Il sera ainsi, par les pièces officielles du bureau, facile de déterminer, en cas de contestation, le point de départ de l'interruption de prescription ou du cours des intérêts.

La commission, en adoptant cette innovation, est assurée d'avoir réalisé une réforme utile, et posé un principe fécond. Les droits de timbre et d'enregistrement perçus sur les citations en conciliation par huissier, s'élèvent annuellement à 200,000 fr. environ. La mesure adoptée constitue, on le voit, un premier dégrèvement des frais de justice d'une incontestable importance. Si l'on tient compte, en outre, des émoluments de l'huissier, des frais de transport qui pouvaient lui être dus (déboursés que la taxe minime perçue pour l'envoi par la poste sera loin d'égaler) on appréciera toute l'étendue de l'avantage que les plaideurs doivent tirer du nouveau mode de citation.

Quelque confiance qu'elle ait dans les mesures qu'elle édicte, la commission n'a pas voulu les imposer exclusivement. Elles passeront d'elles-mêmes dans les mœurs à mesure qu'on en comprendra les avantages. Le demandeur restera donc libre d'employer le ministère de l'huissier. Mais dans ce cas les frais de citation seront toujours à sa charge.

Dans l'état actuel de la législation, la tentative de conciliation qui réussit donne lieu à un procès-verbal, dressé par le uge de paix. Mais cet acte a seulement « force d'obligation privée. » (art. 54. C. Proc.) On ne doit pas se méprendre sur la portée de ces expressions : « Ce procès-verbal, a-t-on écrit, dressé dans les formes prescrites pour tous les actes publics, et par un officier public à ce compétent, est un acte authentique : il fait donc foi jusqu'à inscription de faux des conventions qu'il relate; sa date est certaine; il n'est pas soumis à la formalité des doubles, et l'unique exemplaire qui en soit dressé reste au greffe comme la minute d'un jugement. «(Garsonnet,» *Traité de procédure*, II, p. 225.) Si le procès-verbal n'a que force d'obligation privée, ce n'est pas au point de vue de la preuve, c'est au point de vue de la force exécutoire. Il est à la fois authentique comme moyen de preuve et assimilé à l'acte sous-seing privé au point de vue de l'exécution. La partie qui veut faire exécuter les arrangements souscrits à son profit doit obtenir un jugement ou un acte notarié.

La commission a pensé que maintenir dans ces limites le procès verbal de conciliation était lui enlever une grande partie de ses avantages, et en même temps imposer aux parties des frais inutiles. Leur but, parfois, c'est précisément d'obtenir la force exécutoire pour un acte qui, au fond, n'est pas contesté. Pourquoi les obliger à comparaître encore devant un tribunal ou devant un notaire, pour faire donner la force exécutoire à un arrangement qui doit être définitif ? Que manque-t-il au juge de paix pour que l'œuvre à laquelle il a présidé soit parfaite? Sa présence à l'acte n'est-elle pas pour les parties une garantie aussi sûre que celle d'un notaire ? Ne prononce-t-il pas, sur les litiges eux-mêmes, du haut de son siège, des décisions qui seront revêtues de la formule exécutoire ? Dira-t-on que certaines stipulations compliquées réclament des lumières spéciales, des aptitudes de rédaction qui ne s'improvisent pas ? Craint-on de voir le cabinet du juge de paix se substituer à l'étude du notaire ? Il n'est pas une de ces objections qui résiste à l'examen. Si ces critiques étaient fondées, il faudrait modifier la loi actuelle dans un sens restrictif, dire que les parties ne pourront jamais demander que leurs conventions et arrangements soient relatés dans le procès-verbal de conciliation. Personne ne voudrait restreindre ainsi le droit des parties. Cependant, lorsqu'un procès-verbal de conciliation a été dressé par le juge de paix, le tribunal ou le notaire auquel on s'adresse pour faire donner à l'acte la force exécutoire se bornent à enregistrer les conventions passées devant le magistrat conciliateur. Ils n'ont pas à les reviser, puisque ces conventions sont la loi des parties qui les ont acceptées. Il faut donc, ou les interdire absolument, si on juge qu'elles seront insuffisamment constatées, ou leur donner la force qui en fait des arrangements sérieux, définitifs. La commission s'est ralliée à ce dernier parti. Elle a pensé qu'il fallait éviter aux parties toute complication de frais et d'actes inutiles.

S'il se présente, exceptionnellement, un arrangement qui offre des difficultés particulières, une convention où doivent être insérées des clauses délicates, nécessitant une pratique spéciale, le juge de paix reste toujours libre de renvoyer les parties devant un notaire, pour la rédaction de l'acte définitif, après en avoir simplement posé les bases.

Cette question résolue, la commission s'est demandé s'il y avait lieu d'autoriser la constitution d'hypothèque par le procès-verbal de conciliation. Ici encore se représentaient les objections faites contre l'attribution de la force exécutoire au procès-verbal de conciliation. Le contrat de constitution d'hypothèque est grave entre tous, il entraîne des responsabilités. La commission n'a méconnu ni ces difficultés ni ces dangers. Elle n'a pas cru cependant devoir s'y arrêter. Qu'arrive-t-il, dans l'état actuel ? Le porteur d'une obligation sous seing, qui n'est pas déniée sérieusement, entame une action fictive, obtient un jugement qui donnera force excécutoire à son titre et emportera une hypothèque judiciaire, c'est-à-dire générale, sur tous les biens de son débiteur. L'intérêt de ce dernier est de pouvoir, devant le magistrat conciliateur, offrir une hypothèque spéciale conventionnelle, qui donnera suffisante garantie au créancier tout en ne compromettant pas son crédit. Pourquoi donc, lorsque la question se présentera, ne pas permettre au juge de paix de constater la constitution d'hypothèque ?

S'il y a des difficultés, des obscurités, les parties seront renvoyées devant un notaire : le désir du magistrat de ne pas assumer une responsabilité grave et l'intérêt des parties à posséder un contrat inattaquable garantissent ce renvoi toutes les fois qu'il sera utile. Si cette nécessité ne s'impose pas, c'eût été méconnaître le but de simplification et d'économie que poursuit la commission, que d'exclure la constitution d'hypothèque des conditions de conciliation que les parties peuvent accepter.

Les modifications apportées aux effets du procès-verbal de conciliation devaient amener la commission à admettre les incapables au bénéfice de cette institution. La loi actuelle les en exclut. Qu'est-ce en effet que la conciliation ? Une transaction. Or la transaction faite au nom des mineurs ou des interdits est soumise par l'article 467 du code civil à des règles spéciales qui la rendent impossible au cours d'une procédure de conciliation. Le tuteur doit être autorisé par le conseil de famille et prendre préalablement l'avis de trois jurisconsultes désignés par le procureur de la République. En raison de la complication de ces formes, l'article 49, paragraphe 1er, dispense du préliminaire de conciliation les causes qui intéressent les mineurs et les interdits. Ici, la commission a pensé qu'elle avait le droit d'apporter au code civil une modification qui le mettrait en harmonie avec les nécessités et les mœurs actuelles. Il est rigoureux et fâcheux en même temps qu'on ne puisse, dès le début, arrêter un mauvais procès dirigé contre des incapables; qu'on soit forcé, faute de pouvoir transiger, de les laisser condamner, et d'accumuler des frais. Est-il donc nécessaire que dans tous les cas on mette en mouvement les rouages compliqués qu'exige l'article 467 ? Pour le différend le plus minime, est-il indispensable de prendre les avis de trois jurisconsultes, de réunir le conseil de famille ? Les frais, souvent, absorberont le montant du litige. Cette formalité de l'avis demandé à trois avocats ou avoués n'est-elle pas surannée?

Ces considérations ont déterminé les membres de la commission à modifier ici, en ce qui touche seulement la transaction en conciliation, les dispositions du code civil. La loi du 27 février 1880, sur l'aliénation des valeurs mobilières appartenant à des incapables, indiquait dans quel ordre d'idées la solution devait être cherchée. Cette voie, c'est la distinction entre les intérêts importants et les intérêts minimes des incapables. Le capital à aliéner est-il élevé, dépasse-t-il 1,500 fr., le tuteur doit être autorisé par une délibération du conseil de famille, homologuée par le tribunal. — Le capital est-il inférieur à cette somme, la simple autorisation du conseil suffit pour habiliter le tuteur. Ce principe a été appliqué à la transaction. La demande (pourvu qu'elle soit personnelle et mobilière) n'excède-t-elle pas 1,500 fr. ; le tuteur peut transiger, de sa seule autorité. Il n'est pas même besoin de consulter le conseil de famille : la transaction devient définitive, pourvu qu'elle soit approuvée par le juge de paix. C'est, on le voit, un système tout nouveau qui est introduit : l'autorisation du magistrat substituée à celle des parents.

En matière réelle, ou en matière personnelle et mobilière, quand l'intérêt de la contestation dépasse 1,500 fr., le tuteur peut transiger en conciliation avec l'approbation du juge de paix. Mais, en ce cas, la transaction doit être soumise au conseil de famille, et la délibération du conseil être homologuée par le tribunal. Il y a donc suppression de l'avis des jurisconsultes ; et, en outre, le pouvoir donné au tuteur de transiger, sous réserve des ratifications ultérieures, facilite la tentative de conciliation.

L'adoption des dispositions du projet ci-dessus exposées aura pour effet des réductions de frais dont le montant ne peut être évalué, mais qui assurément seront élevées.

TITRE II

Des ajournements.

Le titre des ajournements a donné lieu, au sein de la commission, à de longues, mais fructueuses discussions. Un certain nombre de questions surgissent dès qu'il s'agit de réglementer l'envoi d'un exploit, à fin d'assigner ; quel est le tribunal compétent devant lequel le défendeur sera appelé ? — Contre quelle personne l'assignation devra-t-elle être donnée ? On peut en effet appeler en cause des personnes morales, des collectivités ayant un représentant attitré. Il y a des délais à observer, quelle durée leur assignera-t-on ? Que doit contenir l'exploit d'ajournement ? Enfin quel est le mode le plus sûr, le plus économiquo à adopter pour la remise de l'exploit ?

La commission s'est trouvée amenée à poser d'abord quelques règles de compétence ; elle s'est bornée, en général, à reprendre les solutions indiquées par le code de procédure, sauf quelques modifications. Ainsi elle accorde, dans certains cas, au demandeur la faculté de saisir une juridiction plus voisine que celle du domicile du défendeur. Cette dérogation à la règle générale lui a paru justifiée, surtout pour les actions nées de délits ou de quasi-délits. N'est-il pas rigoureux de contraindre la victime d'un accident à rechercher et à poursuivre dans une contrée lointaine celui qui, par sa faute, a causé le dommage et dont l'éloignement semble parfois assurer l'impunité ? La dérogation ne se justifie pas moins lorsqu'il s'agit d'une de ces sociétés et compagnies qui couvrent le pays de leurs succursales ? Les tiers qui ont contracté avec elles, doivent-ils être entraînés devant le tribunal du siège social, dans des conditions qui rendent l'exercice des actions plus difficile et plus onéreux ? Enfin, pour le cas où le défendeur n'a ni domicile ni résidence connus, des règles plus précises étaient utiles.

Le projet introduit, en ce qui concerne les étrangers, des dispositions nouvelles. Notre législation, sur ce point, est imparfaite ; elle aboutit parfois, en fait, à un déni de justice. Les critiques qui lui sont adressées portent sur deux points. On lui reproche, d'une part, de créer au profit des Français demandeurs un privilège injustifié; d'autre part, de refuser trop souvent aux étrangers en contestation avec d'autres étrangers le moyen de se faire rendre justice.

Les dispositions du code permettent au Français demandeur d'actionner l'étranger devant les tribunaux français, non seulement lorsque cet étranger réside en France, ou lorsque l'obligation dont l'exécution est demandée, a pris naissance en France, mais encore lorsque l'étranger réside hors de France et lorsque le lien de droit s'est formé à l'étranger. Cette disposition a été taxée d'exorbitante. Introduite au cours de la discussion du code, comme modification au projet primitif, elle était, de l'aveu de tous, fondée sur la défiance qu'inspiraient les juridictions étrangères. Ces privilèges ne paraissent plus justifiés aujourd'hui. Les relations internationales se sont multipliées, et les conventions chaque jour plus nombreuses qui sont passées par les puissances pour assurer l'exécution réciproque des jugements étrangers, indique que chacun renonce à glisser jusque dans la science du droit la préoccupation de rivalités que voudrait ignorer le jurisconsulte. Le moment semble donc venu de revenir à une disposition moins rigoureuse. L'article 9 décide que les mêmes règles de compétence posées pour les actions entre Français seront applicables aux actions dirigées contre les étrangers. Ce principe libéral est tempéré, non par une exception, mais par une simple précaution. L'étranger non résidant en France pourra encore être assigné en France, devant le tribunal du domicile du demandeur pour obligations contractées à l'étranger, lorsque, d'après sa loi nationale, les tribunaux de son pays seraient incompétents pour connaître de l'action. De même encore si, d'après cette même loi, il était permis d'enlever un Français à ses juges naturels pour le citer devant un tribunal étranger. Cette double disposition, dont les motifs apparaissent d'eux-mêmes, n'enlève rien à la générosité du principe proclamé par l'article 9.

Le second grief invoqué contre notre droit actuel est relatif aux contestations qui intéressent les étrangers ; il porte moins sur la législation que sur la jurisprudence. Le code ne parle pas des procès que les étrangers peuvent avoir entre eux. Dans ce silence de la loi, il est généralement décidé que les tribunaux français sont incompétents pour connaître des contestations soulevées entre parties étrangères. Les parties peuvent soulever une exception d'incompétence, et, si elles acceptent le débat, le tribunal peut, à son gré, retenir l'affaire ou se déclarer incompétent. Un tel système a les plus fâcheuses conséquences. S'il s'agit d'étrangers domiciliés en France, c'est leur imposer des frais considérables que de les obliger à aller plaider dans leur pays. S'ils sont domiciliés depuis longtemps, il arrive même qu'ils ont perdu toute attache avec leur pays d'origine, et que leurs tribunaux nationaux se déclarent incompétents. Enfin, s'il s'agit d'étrangers de nationalités différentes, existera-t-il un tribunal étranger qui ait compétence ?

Dans un pays qui a toujours attiré, à raison

même de ses institutions libérales, un grand nombre d'étrangers, le droit d'obtenir justice ne peut être réservé aux seuls nationaux; aussi l'article 10 du projet dispose-t-il que les tribunaux français pourront être saisis des contestations entre étrangers, comme s'il s'agissait de contestations entre Français. Il est seulement fait réserve de l'application de l'article 16 du code civil (*Caution judicatum solvi*).

Il est une règle qui a survécu à l'ancien droit et qu'une jurisprudence constante applique encore aujourd'hui. C'est la maxime : « Nul en France ne plaide par procureur. » Son origine et les cas où elle était appliquée naguère peuvent être l'objet de recherches historiques. Mais la portée qu'on attache à cette règle ancienne se résume en ceci : que nul ne peut se faire représenter en justice par un mandataire dont le nom figurerait seul dans les actes d'instance. Le mandant doit toujours ête mentionné dans toute la procédure et dans la rédaction du jugement. Cette obligation paraît naturelle, et on conçoit peu, au premier abord, l'intérêt des plaideurs à en être dispensés. Cependant, dans certains cas, la nécessité de nommer toutes les parties en cause, entraîne des difficultés et des frais considérables. Si une action en justice est dirigée contre une association qui ne constitue pas une personne civile, qui n'a pas de représentant légal, tous les membres de l'association doivent être nommés dans tous les actes de procédure. Chacun de ces actes doit être signifié à chacun des membres. On conçoit immédiatement les complications et les frais qui en résultent. Dans certains cas, l'élévation de ces frais devient un obstacle absolu à l'exercice de l'action.

Pour remédier à cet état de choses, devait on abroger la maxime « Nul ne plaide par procureur »? C'eût été aller trop loin. Si une personne isolée veut donner à un mandataire le soin de suivre un procès en son nom, il n'existe aucun intérêt sérieux et légitime à ce que le nom du mandataire figure seul dans les actes de procédure. La commission n'est donc pas entrée dans cette voie. Ce qui est utile, cependant, c'est qu'un groupe de personnes qui ont un intérêt commun, une association, un cercle, par exemple, puissent exercer leurs droits en justice. Le projet (art. 12) fait donc une distinction. Si plusieurs personnes qui ne sont pas constituées en société, ont un intérêt commun, elles peuvent, par acte authentique, conférer à l'une d'elles le mandat d'ester en justice en leur nom. Il est donné copie du mandat dans le premier acte de procédure ; mais, dans tous les autres actes, le mandataire seul est visé ; il envoie et reçoit seul toutes les significations nécessaires.

A côté de ce premier cas, une autre hypothèse est prévue. Si au lieu d'une union de personnes, groupées momentanément pour exercer une action commune, on est en présence d'une association constituée d'une façon durable, association sans personnalité civile, mais qui existe cependant régulièrement, qui a ses statuts, un but commun et permanent, la simplification peut être plus grande encore. Si, en effet, les statuts autorisent la représentation de l'association soit par le président, soit par tout autre membre, ce mandataire légal pourra ester en ce nom en justice, dans l'intérêt de l'association. Il n'est plus besoin, dans aucun acte de procédure, de donner une liste complète des associés. Les statuts seront nécessairement visés, et, en s'y référant, l'adversaire saura immédiatement avec qui il a affaire. Une seule condition est exigée en pareil cas. Les statuts doivent prévoir l'exercice d'une action en justice et contenir mandat donné à un membre de l'association. Il est bien entendu, d'ailleurs, que les pouvoirs de ce mandataire sont limités aux contestations qui portent sur les intérêts de l'association.

Ces nouvelles dispositions ne manqueront pas, sans doute, d'appeler l'attention toute spéciale des hommes d'affaires. Elles ne constituent pas cependant une innovation inconnue. Le projet de loi sur les sociétés, adopté par le Sénat, contient déjà une disposition qui permet aux porteurs d'obligations de se syndiquer pour faire valoir leurs droits en justice. Des dispositions analogues se retrouvent dans les projets relatifs aux associations syndicales ouvrières et aux sociétés de secours mntuels. Il y a donc là, plutôt, une extension et une application de principes dont le germe était déposé en d'autres projets. Mais ici, ce ne sont plus seulement quelques associations déterminées, ce sont toutes les associations auxquelles on confère, en quelque sorte, une personnalité, restreinte, quant à la durée et à l'étendue, aux limites d'une instance judiciaire.

Dans le même ordre d'idées, de la représentation en justice des personnes qui ne peuvent agir par elles-mêmes, notons encore la disposition de l'article 19, § 11, d'après lequel la partie qui se trouve en face d'un incapable non pourvu d'un représentant légal peut faire nommer, sur requête, un tuteur *ad hoc* à son adversaire.

Des critiques ont été assez vivement formulées contre la longueur des délais impartis au défendeur pour comparaître. Si, aux termes de l'article 72, C. Proc., le délai pour la France est de huitaine, ce délai doit (art. 1033) être augmenté d'un jour par 5 myriamètres de distance. Le défendeur demeurant à Marseille, cité devant le tribunal de la Seine, aura donc, en raison des 81 myriamètres qui séparent les deux villes, un délai de 21 jours pour comparaître. A ces délais variables qui sont une gêne, en raison des calculs qu'ils nécessitent et de leur longueur aujourd'hui sans raison, le projet substitue un délai fixe. Si le défendeur est domicilié dans l'arrondissement du tribunal devant lequel la demande est portée, le délai est de huitaine. Il est uniformément de quinzaine pour toute la France, quand le défendeur n'est pas domicilié dans l'arrondissement. Dans tous les cas, ce délai suffira.

Une simplification importante, au point de vue de la réduction des frais, résulte de l'article 13 du projet. L'article 65 du code de procédure prescrit la copie, en tête de l'exploit d'ajournement, des pièces sur lesquelles la demande est fondée. La pratique a démontré l'inutilité de cette copie. En fait, chacun des adversaires préfère garder, pour les produire au moment décisif, les pièces vraiment importantes qu'il peut avoir entre les mains; seules, les moins utiles sont immédiatement produites. Aussi la commission supprime-t-elle cette copie sans objet. Elle a pensé qu'il serait préférable, à tous égards, d'obliger les avoués à se communiquer respectivement leurs pièces, sans frais, et c'est ce qu'elle a réalisé dans le paragraphe 7 de l'article 11, et dans l'article 2 du titre suivant (constitutions d'avoué et défenses.)

J'ai déjà eu l'honneur d'appeler votre attention, monsieur le Président, sur la disposition qui substitue en règle générale le billet d'avertissement à la citation en conciliation. J'ai signalé l'extension considérable donnée à l'emploi de la poste pour appeler les parties devant le juge de paix.

A l'occasion de la remise des exploits d'ajournement, la commission a dû se préoccuper d'assurer la remise exacte des actes d'huissier et du mode le plus économique et le plus sûr qui pourrait être adopté dans ce but. Le décret du 14 juin 1813, article 45, prescrit, sous une sanction sévère, aux huissiers de notifier eux-mêmes les actes dont ils sont chargés. Cependant l'observation de ces prescriptions est difficilement obtenue parfois en raison du nombre des actes qu'un même huissier peut être appelé à notifier dans une journée, et des transports qu'il est obligé d'effectuer à cet effet. Depuis plusieurs années, les communautés d'huissiers ont demandé l'autorisation de s'adjoindre des clercs assermentés qui pourraient, en leur lieu et place, faire des notifications. Déjà, le projet de loi sur les protêts, déposé en 1884 à la Chambre des députés, a en partie donné satisfaction à ce désir en autorisant l'institution de clercs assermentés qui, pour les huissiers et sous leur responsabilité, auront le droit de notifier les actes de protêts. La commission s'est inspirée de ce projet et en étend la disposition en permettant aux clercs assermentés de signifier les exploits d'ajournement.

Cette mesure n'a pas encore paru suffisante. L'institution de clercs assermentés sera une facilité donnée aux huissiers pour remplir strictement leurs devoirs professionnels, mais elle ne doit pas pouvoir se traduire en augmentation de frais pour les parties. Les huissiers auront seuls à supporter les charges supplémentaires des salaires plus élevés exigés par ces clercs. Aussi le bénéfice de cette institution ne profite-t-il pas aux huissiers établis dans des centres d'une médiocre importance.

En outre et surtout, l'emploi des clercs ne ne remédiera pas aux frais onéreux qu'entraînent les transports. Aussi, le projet autorise-t-il les huissiers à se servir de la poste pour envoyer les exploits d'ajournement.

Les dispositions précises et détaillées de l'article 18 montrent suffisamment que toutes les précautions sont prises pour assurer la régularité de ces transmissions. La poste n'est ici qu'un intermédiaire employé par l'huissier pour s'éviter un déplacement. Si l'acte est remis par le facteur à l'intéressé, la signification résulte de cette remise, constatée par le récépissé donné au facteur. Si la remise n'a pu avoir lieu, l'acte est renvoyé à l'huissier, qui fera la signification par les voies ordinaires. Il pourra, en ce cas, y avoir un retard de 48 heures dans la signification ; ce sera un risque rare d'ailleurs à courir. C'est à l'huissier d'apprécier dans quelles circonstances il peut employer, sans danger, la voie de la poste.

La faculté d'user de l'intermédiaire de la poste n'entraîne pas dérogation à ce principe général que les huissiers n'ont pas compétence pour notifier les actes hors de la circonscription judiciaire où ils sont institués. C'est ce qu'indique formellement le premier paragraphe de l'article 18.

Les frais d'envoi par la poste des exploits d'ajournement seront extrêmement faibles. La commission devait, toutefois, se préoccuper de savoir à qui ils incomberaient. A cet égard, une distinction a été faite ; elle n'est pas écrite dans la loi, mais elle résulte des discussions et sera édictée dans le tarif. Si l'acte est notifié dans un lieu situé à moins de 5 kilomètres de la résidence de l'huissier, celui-ci n'a droit à aucune indemnité de transport. S'il trouve préférable, pour éviter une course, de confier l'exploit à la poste, c'est dans son propre intérêt qu'il agit : les frais sont à sa charge.

Si l'acte doit être notifié dans un lieu plus éloigné, des frais de transport seraient dus à l'huissier. Confiant l'acte à la poste, il ne pourra réclamer son transport, car il n'a pas fait la course qui ouvre le droit à une indemnité ; les frais ne doivent pas néanmoins rester à sa charge. Il lui sera donc accordé le remboursement de ses avances, plus une vacation pour son déplacement à la poste. Cette vacation constituera pour lui un bénéfice qui le portera souvent à user de l'intermédiaire de la poste, et à généraliser ainsi un mode de remise des actes dans lequel les plaideurs trouveront de grands avantages. Le prix moyen des transports par huissier est évalué actuellement à 5 fr. Les frais d'envoi par la poste, ajoutés à la vacation de l'huissier, seront loin d'atteindre la moitié de cette somme. Il en résultera donc une sensible économie, principalement pour les instances de médiocre importance. C'est, en effet, dans les campagnes et spécialement dans les pays où le sol nourrit plus difficilement ses habitants, que l'huissier doit accomplir les déplacements les plus longs et les plus onéreux. Dans les mêmes pays l'objet du litige est souvent de peu de valeur. Il semble donc que la mesure proposée doive profiter surtout aux petits intérêts, à ceux qui souffrent le plus de l'élévation des frais de justice, et qui, en conséquence, sont plus dignes de la sollicitude du législateur. Et si quelqu'un s'effrayait encore de l'innovation proposée (bien qu'elle soit offerte et non imposée), qu'il se rassure en considérant l'exemple de l'Allemagne et de la Suisse, qui ont adopté des systèmes analogues, dont le fonctionnement a fait ses preuves.

TITRE III

Des constitutions d'avoué et défenses.

Une réforme des plus importantes résulte des premières dispositions de ce titre; c'est la suppression des écritures grossoyées, adoptée en principe à l'occasion de l'article 2 pour les actes de conclusions.

L'obligation pour certains officiers publics ou ministériels de n'écrire qu'un nombre déterminé de lignes et de syllabes dans chaque page de papier timbré, résulte de l'article 20 de la loi du 13 brumaire an VII. Le principe posé par cette loi d'une façon générale a été confirmé pour les greffiers par l'article 6 de la loi du 21 ventôse an VII, et l'article 4 du décret du 8 décembre 1862, pour les avoués par l'article 72 du décret-tarif de 1807.

Ces prescriptions légales surchargent les procédures de frais de timbre considérables. Elles n'ont d'autre intérêt que de constituer un revenu au profit du Trésor. L'abrogation des textes ci-dessus visés procurera aux plaideurs de sensibles économies.

Les constitutions, défenses, réponses, etc., qui s'échangent entre avoués au cours d'une instance sont signifiées par ministère d'huissier. Si pour cette signification l'huissier perçoit seulement 0 fr. 30 cent., la formalité de l'enregistrement est exigée et ajoute à cet émolument un droit de 0 fr. 94. Le montant des droits annuellement perçus de ce chef par le Trésor ne monte pas à moins d'un million. Une discussion appprofondie a permis à la commission de reconnaître que l'intervention d'un huissier n'est point indispensable pour les significations de cette nature. Cette intervention ne donne aucune garantie qui ne puisse être trouvée dans une forme plus simple. L'avoué n'est-il pas un officier public? Pourquoi les actes ne lui seraient-ils pas signifiés simplement sous forme d'une remise directe de la main à la main, remise qui serait constatée par un récépissé daté, signé de lui?

Si le récépissé ne peut être donné, soit que l'avoué soit absent ou malade, soit encore qu'il s'y refuse, alors la signification pourra être faite par huissier. Mais les frais en seront à la charge de celui des avoués qui aura rendu cette formalité nécessaire. Cette sanction suffira sans doute à assurer le succès de la disposition.

Enfin une modification considérable résulte de l'article 6 de ce titre : les jugements par défaut faute de conclure sont supprimés.

D'après le code, si l'avoué constitué ne se présente pas au jour indiqué pour l'audience, il sera donné défaut : un délai de huitaine, qui court de la signification de ce jugement faite à l'avoué, est accordé au défaillant pour former opposition.

Tiré de l'ancien droit, destiné à empêcher les surprises, le système des jugements par défaut faute de conclure constitue actuellement une précaution inutile et n'a d'autre résultat qu'une surélévation des frais. Pour le défendeur, qui ne veut point produire immédiatement les réponses décisives qu'il peut opposer à la demande, c'est une arme à l'aide de laquelle il peut accumuler des frais qui retomberont définitivement sur le demandeur.

Pour le débiteur qui cherche à se soustraire à ses engagements, c'est un moyen dilatoire qui permet trop souvent de détruire le gage du créancier. Et contre quelles éventualités donne-t-on au plaideur cette garantie ? Contre le danger d'une surprise ? Mais ce danger n'existe pas réellement. Dès qu'il y a eu des deux côtés constitution d'avoué, n'est-on pas assuré que les adversaires sont sur leurs gardes ? Le défendeur a-t-il besoin d'un délai pour préparer ses réponses et chercher ses moyens de preuve ? Il doit demander le renvoi de l'affaire, et ce renvoi ne lui sera pas refusé ; mais lui donner un moyen légal de prolonger à son gré la durée de l'instance, sans que le tribunal puisse contrôler et apprécier la nécessité de ces délais, c'est retarder inutilement la solution et augmenter les frais. La commission n'a donc pas maintenu la faculté d'opposition en cette matière. Dès lors que le défendeur aura constitué avoué, bien qu'il ne soit pas échangé de conclusions, le jugement sera réputé contradictoire. Il appartient aux plaideurs d'être diligents et de demander les remises que leur intérêt exige. Le jugement rendu ne sera donc que susceptible d'appel, si la valeur du litige le comporte. Il est à remarquer, d'ailleurs, que par l'adoption des projets sur l'extension de la compétence des juges de paix, aux termes desquels les juges de paix connaîtront en premier ressort des affaires jugées actuellement en dernier ressort par les tribunaux d'arrondissement, toute instance subira désormais deux degrés de juridiction. La simplification réalisée par le projet ne pourra donc jamais présenter d'inconvénients graves pour les parties.

TITRE IV

Des audiences.

Le code consacre un long article classé à part sous une rubrique spéciale à la communication au ministère public. Cette communication constitue, dans l'état actuel, un acte de procédure, donnant lieu à une vacation au profit des officiers publics.

La commission n'a pas été d'avis que cette formalité dût être conservée comme acte de procédure. Elle a considéré que l'obligation de conclure, imposée dans certaines affaires au ministère public, n'était qu'un incident d'audience. Le projet classe, en conséquence, l'énumération des affaires communicables au titre des audiences. Le droit de l'avoué sera nécessairement supprimé Il reste entendu, d'ailleurs, que le ministère public appelé à conclure a le droit soit pendant, soit même avant l'audience, d'exiger la communication du dossier ; de même, le tribunal peut toujours, d'office, ordonner cette communication.

Sauf des différences de rédactions, il n'a point été apporté de modifications aux dispositions relatives à la tenue et à la police des audiences. L'article 3 du titre contient cependant une disposition nouvelle empruntée à la loi de 1881 sur la presse ; lorsque l'audience sera tenue à huis clos, il sera interdit de rendre compte des débats. Il a paru nécessaire de donner à cette règle un caractère de fixité qui lui ferait défaut, si elle n'était pas consacrée ailleurs que dans la législation spéciale.

TITRE V

Des jugements,

Le code de procédure consacre un titre entier aux référés et à l'instruction par écrit. Cette procédure est presque absolument inusitée aujourd'hui. Les statistiques donnent pour 1883, 147 délibérés sur rapport, et 43 instructions par écrit, pour toute la France. Le projet supprime complètement l'instruction par écrit. On laisse toutefois aux tribunaux le droit d'ordonner après plaidoiries un rapport, lorsque l'affaire paraît particulièrement compliquée. Il est statué, après que le rapport a été fait, soit sur simples notes des parties, soit sur de nouvelles plaidoiries, au cas où le tribunal ordonne la réouverture des débats. Mais il n'y a plus là une procédure particulière, il y a simplement une mesure ordonnée par le tribunal pour l'instruction de l'affaire.

Il n'est point, dans le nouveau titre consacré aux jugements, de dispositions qui attirent vivement l'attention.

Sur les délais de grâce, le projet autorise les juges à accorder délai, même lorsqu'il y a titre authentique ou jugement par défaut passé en force de chose jugée. Dans ces questions, le législateur a toujours adopté la solution la plus humaine et a cherché à venir à l'aide du débiteur. Il a paru qu'il n'y avait pas d'inconvénient à confier à la sagesse du juge le soin de décider si, malgré un titre authentique, il n'était pas opportun de donner un délai.

En matière de dépens, le projet consacre une pratique qui tend à s'introduire dans quelques tribunaux : les dépens pourront être mis à la charge même de la partie dont les conclusions sont adjugées, quand le procès était soutenu dans son seul intérêt, et que la résistance de l'adversaire pouvait paraître légitime.

Il arrive fréquemment que la grosse d'un jugement n'est pas levée immédiatement, et que les avoués ne se préoccupent pas du règlement des qualités. Or, si ce règlement est assez facile lorsque les qualités sont rédigées immédiatement, des difficultés de diverse nature se présentent s'il est retardé. La rédaction même des points de fait et de droit devient plus difficile à mesure que la date du procès s'éloigne. D'un autre côté, les qualités doivent être réglées par le président ou l'un des juges ayant pris part au jugement. Quand le règlement n'est demandé qu'au bout de plusieurs mois (et le délai est parfois plus long), il arrive que les magistrats ayant siégé dans l'affaire sont morts ou ont été déplacés. On se heurte alors à une impossibilité matérielle d'autant plus regrettable que la nullité des qualités entraîne la nullité du jugement.

Pour parer à ce danger, divers systèmes ont été examinés. On a proposé de réduire les qualités à la reproduction pure et simple des conclusions prises par les parties et déposées au greffe. On a craint que la reproduction des conclusions ne fût parfois trop longue et parfois insuffisante. La commission a donc préféré s'en tenir aux principes actuels, et confier aux avoués le soin de rédiger spécialement pour être inséré dans le jugement un exposé du litige. On eût évité ainsi l'inconvénient de confier à l'une des parties une part dans l'œuvre judiciaire et supprimé la procédure du règlement. Mais désormais il ne sera plus permis, après le gain d'un procès, de laisser dormir le jugement ; dans un délai de trois mois, l'avoué dont les conclusions ont été adjugées devra, à peine d'une amende, préparer les qualités et les signifier à son adversaire. Celui-ci sera ainsi mis en demeure de les accepter, ou d'y faire opposition dans les formes prescrites. Grâce à la briéveté des délais impartis, on doit espérer que les inconvénients signalés ne se reproduiront plus.

L'article 32 consacre une simplification importante qui sera la source d'économies. Aux termes de l'article 147 du code, les jugements qui prononoent condamnation doivent, outre la signification à avoué, être signifiés à la partie. Cette prescription occasionne des frais élevés déjà onéreux quand il n'y a qu'une seule partie condamnée ; ces frais deviennent exorbitants lorsque le jugement est rendu contre un grand nombre de personnes. Sont-ils au moins justifiés ? Ils semblent au contraire inutiles. Le plus souvent les parties ont peine à démêler, d'après leurs propres lumières, la portée exacte des décisions, et les mesures qu'il leur convient d'adopter. Elles sont dans la nécsssité de consulter leur avoué à ce sujet. La commission a pensé qu'il n'y avait point d'intérêt réel à conserver cette formalité coûteuse et, à l'exemple des législations allemande et italienne, elle en a décidé la suppression. Les jugements seront désormais signifiés seulement à l'avoué : un simple avis devra être envoyé par huissier aux parties en cause, afin qu'elles puissent se mettre en relation avec leur représentant.

TITRE VI

Des jugements par défaut et oppositions.

La matière des jugements par défaut donne lieu aux questions les plus délicates.

Si le défendeur n'a pas répondu à l'assignation qui lui a été donnée, en constituant avoué, y-t-il lieu de maintenir la procédure d'opposition contre le jugement obtenu par le demandeur ? Le projet se prononce pour l'affirmative. Au titre des constitution d'avoué, la suppression des défauts faute de conclure a été consacrée ; mais les précautions spéciales prises par le législateur dans les cas où le défendeur n'a pas constitué avoué et ne comparaît pas, sont fondées sur l'équité même. On peut toujours craindre qu'il n'ait pas été touché par l'exploit d'ajournement, qu'il n'ait pas été mis en demeure, par conséquent, de faire valoir ses droits, de répondre à la demande. La décision qui peut être rendue en pareille hypothèse, quelque soin que le juge apporte à vérifier, comme le veut la loi, les prétentions du demandeur, n'offre que des garanties incomplètes. Il est donc nécessaire de maintenir une voie de recours extraordinaire contre les décisions par défaut.

D'autre part, la procédure de l'opposition, telle qu'elle est réglée par le code, offre des lacunes. Lorsque le jugement est rendu contre une partie n'ayant pas d'avoué (art. 158), l'opposition est recevable jusqu'à l'exécution du jugement. Les mesures indiquées par la loi pour cette exécution montrent bien le but du législateur. Toutes ces mesures sont telles, que le défaillant ne peut les ignorer ; par suite, il est présumé avoir été mis en demeure de former son opposition. Mais dans certains cas les actes d'exécution, auxquels il peut être procédé, sont de telle sorte qu'après leur accomplissement une opposition ne pourrait plus être utilement formée par le défaillant. On se trouve ainsi, pour ainsi dire, enfermé dans un cercle sans issue. Si le jugement n'est pas exécuté, il tombe par la péremption et devient inutile ; mais, d'un autre côté, l'exécution ne doit pas avoir lieu tant que la décision est susceptible d'opposition. Si l'on suppose, par exemple un jugement admettant le divorce rendu par défaut contre une partie qui n'a pas constitué avoué, qui depuis longtemps est absente, qui n'a pas laissé de biens en France, aux termes de la loi, le divorce doit être prononcé par l'officier d'état civil dans un délai de deux mois qui court du jour où le jugement est devenu définitif. Comment le rendra t-on définitif, puisque la seule mesure d'exécution à laquelle il puisse être procédé est précisément la prononciation ? Des difficultés analogues peuvent se représenter dans le cas de jugements ordonnant la radiation d'une hypothèque, la mainlevée d'une opposition à mariage. De graves difficultés se présentent aussi toutes les fois qu'un jugement par défaut est rendu contre un défendeur dont le domicile et la résidence sont inconnus. Les procès-verbaux qui sont alors dressés auront-ils pour effet de rendre les décisions définitives? Les expédients employés dans la pratique ne donnent de garanties suffisantes ni au défaillant ni à celui qui a obtenu jugement.

Frappée de ces difficultés, la commission s'est préoccupée de les résoudre au mieux de tous les intérêts. Sans doute, protection est due aux défaillants ; mais si le défaut peut avoir une excuse légitime, il importe aussi d'assurer les effets des décisions judiciaires, et il convient de prévoir le cas où le défaut ne constituerait qu'une ruse pour entraver indéfiniment l'exécution des jugements. Il est essentiel donc de provoquer par tous les moyens possibles un examen contradictoire du litige, ou un acquiescement certain à la décision rendue. Les dispositions adoptées dans le projet se réfèrent à ce double ordre d'idées.

Au jour fixé pour l'audience, si le défendeur n'a pas constitué avoué, le tribunal peut ordonner la réassignation par un huissier commis. Cette précaution sera prise d'après les circonstances de la cause, selon, par exemple, que l'exploit d'ajournement aura ou n'aura pas été notifié à la personne du défendeur (art. 1er).

Si, malgré la réassignation, le défendeur ne comparait pas, il est nécessairement passé outre. Le procès suit son cours, le jugement est rendu, et c'est alors que sont prescrites des mesures spéciales destinées à faire parvenir la décision à la connaissance du condamné.

Le jugement est tout d'abord signifié, par un huissier commis, à la personne ou au domicile du défaillant (article 8). Si la signification est faite à personne, la solution n'offre aucune difficulté; l'opposition n'est recevable que dans la quinzaine de la notification.

Mais s'il n'a pas été possible de faire la signification à personne, l'opposition sera recevable tant que le défaillant n'aura pas exécuté le jugement ou n'aura pas eu connaissance des actes d'exécution (art. 11); l'article reprend ici les énonciations de l'article 159 du code, sur les principaux actes d'exécution. Si enfin aucune des mesures indiquées n'a pu avoir lieu, si on est, en conséquence, aux prises avec les difficultés rappelées plus haut, l'article 12 ordonne qu'un procès-verbal de carence soit dressé. Ce procès-verbal sera rendu public dans les formes et conditions que déterminera un règlement d'administration publique. Ces mesures de publicité seront essentiellement des insertions dans les journaux et des affiches. Il a paru qu'on ne devait pas en prévoir le détail dans la loi. Il y aurait, au point de vue de la réglementation des annonces légales, tout un ensemble de dispositions à étudier, et la question a paru mériter un examen à part.

A dater du dernier acte de publicité, l'opposition sera recevable pendant huit mois. Le choix de ce délai a été déterminé par cette considération que le défaillant peut être en pays étranger, et que ce laps de huit mois est le délai le plus long fixé pour les ajournements.

Ces mesures, sans entraver le droit du demandeur, garantissent suffisamment ceux du défendeur. On remarquera que le projet de loi sur le divorce actuellement soumis au Sénat contient déjà des dispositions identiques.

En matière de défaut-congé une innovation est consacrée par le projet. Le défendeur peut, à son choix, ou bien demander seulement défaut-congé, c'est-à-dire être purement renvoyé des fins de la demande, ou bien requérir le tribunal de statuer au fond, après vérification des conclusions. Dans l'un et l'autre cas, le jugement rendu contre le demandeur ne peut être susceptible d'opposition. En effet, le demandeur a nécessairement constitué avoué, le jugement est rendu contre lui faute de conclure et la suppression de l'opposition contre cette nature de décision a déjà été signalée.

TITRE VII

Des exceptions.

La matière des exceptions donnait lieu moins que les dispositions rapidement analysées ci-dessus à des modifications. Aussi, la plupart des solutions du code ont-elles été consacrées par le projet. La caution *judicatum solvi* est maintenue. Ce n'est pas, comme on l'a dit, une mesure de défiance contre l'étranger : c'est une sage précaution prise contre ceux qui, n'ayant point d'attaches au sol français, pourraient témérairement intenter des actions vexatoires, sans avoir à redouter les condamnations prononcées contre eux. La situation de l'étranger est rendue, d'ailleurs, aussi favorable que possible ; le projet autorise à accepter toute sûreté suffisante, de quelque nature qu'elle soit.

Une réforme assez importante résulte des articles 1 et 2 du paragraphe relatif aux déclinatoires d'incompétence. Tout d'abord, le tribunal, saisi par des plaideurs à l'égard desquels il n'a pas compétence territoriale, aura le droit de se déclarer incompétent avant plaidoiries. L'article 7 dénie aux juges de paix le droit de se dessaisir en pareil cas, mais aucune disposition n'était relative aux tribunaux d'arrondissement, il était donc utile qu'un texte formel permît pour cette juridiction d'écarter la prorogation de compétence.

Relativement à la compétence *ratione materiæ*, la solution donnée par le projet offre un grand intérêt.

D'après la jurisprudence, l'incompétence *ratione materiæ* peut être opposée en tout état de cause même en cassation pour la première fois, ou après un renvoi sur arrêt de cassation. Elle touche à l'ordre public et peut être opposée d'office. Les conséquences d'une doctrine aussi absolue entraînent fréquemment des frais et des lenteurs.

Le projet fait, en conséquence, une distinction : quand l'ordre public est réellement intéressé à un haut degré, par exemple, si les parties tentaient de soumettre à un tribunal civil une cause attribuée par la loi à une juridiction administrative, quand il y aura violation des règles sur l'ordre et le degré des juridictions, c'est-à-dire si on tentait de soumettre une contestation directement à une cour, sans passer par le tribunal d'arrondissement, ou bien enfin quand l'affaire est communicable au ministère public, l'exception peut être soulevée en tout état de cause et le renvoi peut même être ordonné d'office (art. 2.)

En dehors de ces cas spéciaux, au contraire, l'incompétence *ratione materiæ* doit, comme l'incompétence *ratione personæ*, être opposée *in limine litis*, conformément à l'article 1er. Par exemple, si les parties portaient devant la juridiction commerciale une contestation civile, le renvoi ne pourrait être demandé ou ordonné qu'avant plaidoiries. On considère, dans ce cas, que les parties ont eu recours à une sorte d'arbitrage, mais qu'elles n'ont violé aucune règle fondamentale en renonçant volontairement aux avantages de la juridiction spéciale que désignait la loi.

Le surplus des dispositions adoptées sur les exceptions ne s'écarte pas sensiblement, quant au fond, des dispositions actuellement en vigueur.

Telles sont, monsieur le Président, les grandes lignes du projet de réforme du code de procédure, dans les parties qui ont fait l'objet d'un examen définitif. Je me suis efforcé de mettre en lumière les traits principaux qui caractérisent ces réformes, soit par l'importance des résultats économiques, soit par la gravité des modifications apportées aux lois existantes. J'ai volontairement laissé dans l'ombre toutes les dispositions nouvelles qui se bornent à des changements de rédaction, ou qui touchent seulement à des questions plus secondaires, afin de faire mieux ressortir les résolutions capitales où apparait la trace des principes sur lesquels se guide la commission.

Aux titres que je viens d'examiner sommairement ne se borne pas son œuvre. Dans le code de procédure, elle a encore étudié les dispositions relatives à la vérification des écritures et au faux incident civil : elle y a apporté le même esprit de simplification et d'économie, en ramenant ces procédures à la forme simple d'une enquête.

Des rédactions définitives n'ayant pas encore été adoptées sur ces points, je n'ai pas cru devoir entrer dans un examen détaillé. Enfin, je rappelle que la commission a préparé un projet de loi sur la procédure en matière de divorce, que vous avez bien voulu renvoyer devant le Sénat.

Les travaux que vous aviez ordonnés s'accomplissent donc avec un zèle et une assiduité auxquels je dois rendre hommage. Les premiers pas ont été lents et difficiles. Il fallait d'abord poser ces principes fondamentaux qui domineront toute l'œuvre, organiser le mode de travail. Au début de ses études, la commission a dû ainsi consacrer un assez grand nombre de séances à des discussions générales qui ont permis de constater ses vues résolument réformatrices. Mais depuis qu'on a pu entrer dans le vif de la matière, et entreprendre l'examen des articles, l'impulsion des travaux a été plus vive, à mesure que la méthode devenait plus sûre. Aujourd'hui, on peut déjà prévoir que cette revision sera menée à bonne fin, et répondra aux besoins qui l'ont fait entreprendre.

Vous penserez peut-être, monsieur le Président, qu'il conviendra de suivre pour la consécration de la réforme de notre procédure civile la marche adoptée pour la confection de nos principaux codes, et que les dispositions nouvelles pourront être soumises au Parlement par projets séparés destinés à être réunis ultérieurement en un seul corps et sous une même série d'articles.

Ce mode de procéder permettrait de hâter la réalisation des réformes dont l'étude serait poursuivie simultanément par la commission qui achèverait ses travaux, et par les Chambres qui examineraient, au fur et à mesure, les dispositions proposées par la commission. Si vous voulez bien approuver cette manière de voir, j'aurai l'honneur, aussitôt que l'œuvre de la commission embrassera un ensemble suffisant de dispositions, de vous soumettre un premier projet de loi. Ce dépôt, qui, dans l'état d'avancement des travaux, paraît pouvoir être effectué dans un délai prochain, affirmera la sollicitude apportée par le Gouvernement à l'accomplissement d'une réforme reconnue nécessaire.

Veuillez agréer, monsieur le Président, l'hommage de mon profond respect.

Le président du conseil,
garde des sceaux, ministre de la justice,

HENRI BRISSON.

Imprimerie des *Journaux officiels*, 31, quai Voltaire.

www.ingramcontent.com/pod-product-compliance
Ingram Content Group UK Ltd.
Pitfield, Milton Keynes, MK11 3LW, UK
UKHW020451180726
13839UKWH00004B/1770